BEI GRIN MACHT SICH IHR WISSEN BEZAHLT

- Wir veröffentlichen Ihre Hausarbeit,
  Bachelor- und Masterarbeit

- Ihr eigenes eBook und Buch -
  weltweit in allen wichtigen Shops

- Verdienen Sie an jedem Verkauf

Jetzt bei www.GRIN.com hochladen
und kostenlos publizieren

Rehabilitationspsychologie. Salutogenese Modell nach Antonovsky, Berufsbild eines Rehabilitationspsychologen, Forschung in der Rehabilitation

Louisa Papke

Bibliografische Information der Deutschen Nationalbibliothek:

Die Deutsche Nationalbibliothek verzeichnet diese Publikation in der Deutschen Nationalbibliografie; detaillierte bibliografische Daten sind im Internet über http://dnb.d-nb.de abrufbar.

ISBN: 9783346676115
Dieses Buch ist auch als E-Book erhältlich.

© GRIN Publishing GmbH
Nymphenburger Straße 86
80636 München

Druck und Bindung: Books on Demand GmbH, Norderstedt Germany
Gedruckt auf säurefreiem Papier aus verantwortungsvollen Quellen

Das vorliegende Werk wurde sorgfältig erarbeitet. Dennoch übernehmen Autoren und Verlag für die Richtigkeit von Angaben, Hinweisen, Links und Ratschlägen sowie eventuelle Druckfehler keine Haftung.

Das Buch bei GRIN: https://www.grin.com/document/1247459

Einsendeaufgabe: Alternative A

Spezialisierung: Rehabilitationspsychologie.

Spezialisierungsmodul 1: Einführung in die Rehabilitationspsychologie.

Eingesandt: 26.05.22

SRH Fernhochschule Riedlingen

Modul: Einführung in die Rehabilitationspsychologie

Studiengang: Prävention und Gesundheitspsychologie

Von: Louisa Papke

Inhaltsverzeichnis

Abkürzungsverzeichnis

bspw.	beispielsweise
GRR	Widerstandsressourcen
WHO	World Health Organization (Weltgesundheitsorganisation)
RA	Rheuma Arthritis
SOC	Sense of coherence (Kohärenzgefühl)
MBOR	Medizinisch-beruflich orientierte Rehabilitation
z.B	zum Beispiel
Lebenszhg.	Lebenszusammenhängen
Aufg.	Aufgaben
BBW	Berufsbildungswerk
Zshg.	Zusammenhang
BBM	Berufsbildungsmaßnahmen
SPZ	Sozialpädiatrisches Zentrum
Reha-psych.	Rehabilitationspsychologen
u.a.	unter anderem
Vgl.	Vergleich
BA	Bundesagentur für Arbeit

Abbildungsverzeichnis

1 Aufgabe A1 Salutogenese Modell nach Antonovsky und dessen Anwendung in der Rehabilitation

1.1 Aufgabenstellung

Im ersten Teil dieser Einsendeaufgabe wird das Salutogenese-Modell nach Antonovsky, einschließlich dem Kohärenzgefühl näher erläutert und dessen Möglichkeiten der Anwendung anhand eines Bsp´s in der Rehabilitation verdeutlicht.

1.2 Erläuterung des Salutogenese-Modells und Kohärenzgefühls

Um die Gesundheit des Menschen zu beleuchten, gibt es zwei verschiedene Paradigmen, **die Salutogenetische** (lateinisch: salus= Gesundheit/ Wohlbefinden, griechisch: genesis= Entstehung) und die **Pathogenetische Perspektive** (griechisch: pathos= krankhaft/Krankheit, genesis= Entstehung /Entwicklung). In der präventiven Medizin werden beide Ansätze auf unterschiedliche Art und Weise miteinbezogen. Aus der Sichtweise von Public Health sind beide Modelle die wichtigsten Konzepte zur Betrachtung von Krankheit und Gesundheit. Die Intension beim Pathogenetischen Ansatz ist dabei, die möglichen Krankheitsauslöser, sowie die dazu gehörigen Risikofaktoren und passenden Behandlungen herauszufinden.[1] Der Medizinsoziologe Aaron Antonovsky kritisiert das singulär an der Krankheit orientierte Behandlungsvorgehen. Aus diesem Grund hat Antonovsky in den 70er Jahren die Frage nach der Entstehung von Gesundheit in die moderne Wissenschaft gebracht, die salutogenetische Sichtweise. Mit der Entwicklung des sogenannten Salutogenese-Modells versucht der Medizinsoziologe und Stressforscher Aaron Antonovsky die Frage zu beantworten, was hält Menschen trotz einer Vielzahl negativer Einflussfaktoren gesund und wie kann die individuelle Gesundheit des Menschen gefördert und bewahrt werden.[2] Antonovsky meint, dass die Betrachtungen des Einzelnen mit seinen individuellen, kognitiven und affektiv-motivationalen Grundeinstellungen den Gesundheitszustand mitbestimmen. Kritiker warfen Antonovsky vor, mit der Salutogenese einen Gegenpol

---

[1] Vgl. Tilliger 2020, S.12
[2] Vgl. Bengel/Strittmatter/Willmann 2001, S.9

zu der pathogenetischen Orientierung zu konstituieren. Diesen Vorwurf weist An-tonovsky zurück und stellt klar, dass er nicht für eine Dichotomie, sondern für ein „Gesundheits-Krankheits-Kontinuum" plädiert. Im Gegensatz zur Pathogenese werden die Pole Gesundheit und Krankheit hierbei nicht getrennt, sondern haben einen fließenden Übergang. Der Gesundheitszustand einer Person bewegt sich dynamisch zwischen diesen beiden Polen. Hierdurch verschiebt sich die Konzen-tration von einer krankheitsorientierten Betrachtung des Menschen zu einer ganzheitlichen Betrachtungsweise.[3] Das ist die Grundidee von Antonovsky auf dem das Theoriegebäude der Salutgenese fußt.

Zur besseren Verständlichkeit ist das Modell in der Abbildung 1 dargestellt.

Abb. 1: Gesundheits-Krankheits-Kontinuum nach Antonovsky
Quelle: Eigene Darstellung in Anlehnung an Habermann-Horstmeier 2017, S. 19

Wie auf der Abb. 1 sichtbar wird, sind laut Antonovsky die generalisierten Wider-standsressourcen (GRR) für die Position auf der Achse des Gesundheits-Krank-heits-Kontinuums maßgebend. Die GRR ermöglichen den konstruktiven Umgang mit den allgegenwärtigen Stressoren. Sind ausreichend GRR vorhanden, können Menschen ein Kohärenzgefühl kurz SOC entwickeln. Durch das SOC werden Zusammenhänge des Lebens sinnhaft verstanden und die Überzeugung gewinnt, das eigene Leben selber zu gestalten.[4] Je besser der SOC ausgeprägt

---

[3] Vgl. Antonovsky 1997, S.21-30
[4] Vgl. Habermann-Horstmeier 2017, S.19

ist, desto besser ist die Aufrechterhaltung der Gesundheit und desto schneller erholt sich eine Person von einer Erkrankung, weil flexibel und aktiv auf Herausforderungen reagiert werden kann. Spezifisch unterteilt sich das Kohärenzgefühl in drei verschiedene Komponente: **Verstehbarkeit, Handhabbarkeit und Sinnhaftigkeit.** Bei dem Aspekt der **Verstehbarkeit** ist ein kognitives Verarbeitungsmuster gemeint. Hierbei werden Ereignisse und Erlebnisse des Lebens erklärbar und geordnet wahrgenommen. Das Gefühl der Bewältigbarkeit, genannt auch **Handhabbarkeit** bedeutet, dass man selbst in der Lage ist, bestimmte Belastungen und Anforderungen zu bewältigen. Hierbei handelt es sich um die emotional-kognitive Ebene. Menschen die über einen hohen Grad an Handhabbarkeit verfügen, werten negative Ereignisse als eine Herausforderung, die sie annehmen und reifer macht.[5] Bei der **Sinnhaftigkeit** bezieht sich Antonovsky darauf, dass jeder Mensch in seinem Tun einen Sinn erkennt und darauf vertrauen kann, dass die eigene Anstrengung nicht ohne Bedeutung ist. Laut Antonovsky handelt es sich hierbei um die wichtigste Komponente, da ohne sie das Leben, in allen Bereichen, als eine Last erlebt wird.[6]

Der Kohärenzsinn lässt sich wissenschaftlich messen. In mehreren Stichproben, die im skandinavischen Raum durchgeführt wurden, brachte der Kohärenzsinn besonders bei der psychischen Gesundheit einen positiven Einfluss mit sich. Die WHO hat im Bereich der Gesundheitsförderung das Salutogenetische Konzept vorangetrieben.[7] In der Rehabilitationspsychologie findet das Salutogenese-Modell nach Antonovsky vermehrt Anwendung. Im Folgendem werden mögliche Behandlungsansätze des Salutogenese-Modells in der Rehabilitation, anhand eines Bsp´s, bezogen auf das Rheumatische Erkrankungsbild, verdeutlicht.

1.3 Anwendung des Salutogenese-Modells in der Rehabilitation

Rheumatoide Arthritis ist eine systematisch-entzündlich Autoimmunerkrankung des Menschen. Betroffene leiden unter Schmerzen und Bewegungseinschränkungen, die auf die Schwellung der Gelenke zurückzuführen sind.

---

[5] Vgl. Antonovsky 1997, S.34-356
[6] Vgl. Bengel/Strittmatter/Willmann 2001, S.29-30
[7] Vgl. Faltermaier 2020, (BZgA)

Je nach Schwierigkeitsgrad kommt es zu einer Zerstörung der Gelenkknorpel und der um-liegenden Knochen.[8] Im späteren Stadium kann es zu degenerativen Fehlstellungen kommen, die sich in allen Gelenken ereignen können.[9] Neben den körperlichen Stressoren sind Menschen mit RA oftmals psychisch stark belastet. Mit einer Prävalenz von 9,5% bis 41,5% stellt die Depression, bei einer einhergehen-den RA, die häufigste psychiatrische Erkrankung dar.[10] Der schubweise Verlauf der rheumatischen-entzündlichen-Erkrankung kann zur Folge haben, dass negative Denkmuster und Erwartungshaltungen bestätigt und gefestigt werden. Diese lassen sich u.a. darauf zurückführen, dass Symptome, trotz der Einnahme von Medikamenten, bestehen bleiben.[11] Nach Staub und Cutolo ist die Krankheitslast der RA, sowie die Dauer der Erkrankung von der Art und Stärke der Stressoren, der Fähigkeit diese zu bewältigen, sowie von der Verarbeitung der Stressoren im somatischen Stressreaktionssystem abhängig.[12]

Die rheumatologische-Rehabilitation verfolgt einen ganzheitlichen Ansatz, durch den die Patienten im Umgang mit der Erkrankung gestärkt werden. Das Ziel der rheumatologischen Rehabilitation ist, den Zustand sowohl körperlich als auch psychisch zu optimieren und fördernde Verhaltensweisen der Gesundheit über die Dauer der Behandlung zu unterstützen. Die Reha-Maßnahmen sollen den Patienten ermöglichen, den Alltag beschwerdefreier und mit mehr Lebensqualität weiterführen zu können. Der Patient erhält, basierend auf der Voruntersuchung, ein individuell abgestimmtes Programm aus bspw. Physiotherapie, Ergotherapie, Bewegungstherapie um z.B. die Entzündungslast der Gelenke zu reduzieren. Situativ findet eine Ernährungs- oder psychologische Beratung statt.[13] Anto-novsky stellte fest, dass Menschen trotz schwerer Belastungen „psychisch gesund" aus solchen Krisen hervorgehen können. Die Erkrankung RA ist zwar komplex, als auch unheilbar, jedoch können die gesundheitlichen Beein-trächtigungen in eine positive Richtung verändert werden. Ein wesentlicher Bestandteil, um dies zu ermöglichen, leistet in Kombination zur rheumatologi-schen Rehabilitation das im Vorwege erläuterte Modell der Salutogenese. Die

---

[8] Vgl. Lorenz 2012, S.514
[9] Vgl. Zink/Minden/List 2010, S.7
[10] Vgl. Baerwald/Manger/Hueber 2019, S.245
[11] Vgl. Leon et al. 2018, S.2173
[12] Vgl. Straub/Cutolo 2006, S.225
[13] Vgl. 4QD-Qualitätskliniken.de GmbH 2010-2022

Anwendung des Salutogenese-Modells erfolgt in der Regel im Rahmen einer multidisziplinären Therapiekonzeption.[14] Yelin und Katz fanden heraus, dass Menschen mit der Erkrankung RA und einem niedrig ausgeprägten SOC, Stressoren nicht als vorhersehbar einstufen und kein Vertrauen darin haben, diese bewältigen zu können. Sie sehen Stressoren als keine Herausforderung an und stufen das Leben als weniger handhabbar ein.[15] Aus diesem Grund zielen die Behandlungsansätze nach dem Modell von Antonovsky darauf ab, dass SOC zu stärken um die Anpassung an die Erkrankung und die Bewältigung dieser zu unterstützen. Hierbei werden die drei Komponenten Verstehbarkeit, Bedeutsamkeit und Handhabbarkeit gefördert.

Die erste Komponente des Salutogenese Modells, die Verstehbarkeit, wird vor allem in der Psychoedukation bspw. in Form von Einzel- und Gruppengesprächen, Sozialberatung und Informationsvorträgen gestärkt. Weiterführende Gespräche klären über die Krankheit und den Umgang mit ihr auf und erweitern das Wissen des Patienten. Über einfühlsame Gespräche wird die Motivation für die Verarbeitung von Stressoren gefestigt. Die Aktivierung des Selbstmanagements scheint für die Anpassung an die Erkrankung RA und dessen kognitiver Neubewertung ein bedeutsamer Bestandteil der Komponente „Verstehbarkeit" zu sein.[16] Das Aufdecken von Persönlichkeitsmerkmalen wurde diesbezüglich in einer Studie als Maßnahme formuliert, um die emotionalen Reaktionen und dessen Wirkung auf die gesundheitsbezogene Lebensqualität verständlich zu machen.[17] In einer Studie konnte belegt werden, dass die Wissenserweiterung in Kombination mit Selbstmanagement-Training, die Depressionen und Ängste vor bspw. einem erneuten Schub lindern kann. Durch diese Maßnahmen, die anhand des Salutogenese Modell konzipiert sind, wird eine positive Wirkung auf das SOC festgestellt.[18] Gedankengänge, Gefühle, Einstellungen sowie das Handeln von Menschen können mit psychotherapeutischen Interventionen beeinflusst werden.[19] Damit ist gemeint, den Patienten zu unterstützen, die Glaubensstärke zu entwickeln, schwierige Situationen meistern zu können und Bewältigungsstrate-

---

[14] Vgl. Habermann-Horstmeier 2017, S.19
[15] Vgl. Yelin/Katz 2002, S.231
[16] Vgl. Ridder et al. 2008, S.246
[17] Vgl. Huang et al. 2017, S.23
[18] Vgl. Vermaak et al. 2015, S.5
[19] Vgl. Habermann-Horstmeier 2017, S.19-20

gien zu erlernen.[20] Weiterhin wird durch das Bewusst werden der eigenen Ressourcen, die Handhabbarkeit der Patienten gestärkt. Die Aktivierung von Ressourcen wird in vielen Therapieschulen jedoch nicht vorrangig beachtet. Um eine Aussage über die Wirkung von Psychotherapie auf das SOC zu treffen, muss diesbezüglich mehr Forschung betrieben werden.[21] Zusätzlich steht die Ausarbeitung eines psychosozialen Nachsorgeplans im Fokus der rheumatologischen Rehabilitation, um die Handhabbarkeit des Patienten zu stärken. Dabei werden gemeinsam mit dem Patienten konkrete Strategien eruiert, wie bspw. eigenständig nach der Rehabilitation mit Einschränkungen sowie der Erkrankung RA umgegangen werden kann. Hierzu gehören z.B. Entspannungsverfahren wie Autogenes Training oder Progressive Muskelentspannung, um Stress zu reduzieren. Die Patienten können zusätzlich Vorträge über eine geeignete Ernährung zum Krankheitsbild RA oder einen individuellen Ernährungsplan erhalten. Dabei wird zu einer gesundheitsbewussten Ernährung geraten die antientzündlich wirkt und sich positiv auf Gelenke und Knochen auswirkt. Auch Therapieangebote wie bspw. Selbsthilfegruppen können die Überzeugung des Patienten stärken, mit der Erkrankung RA zurecht zu kommen. Um den Belastungen und Anforderungen im Berufsleben eigenständig bewältigen zu können, erfolgt im Laufe einer Rehabilitation eine Einschätzung des behandelnden Arztes. Oft gehen rheumatische Erkrankungen mit einer Leistungs-unfähigkeit im Beruf einher, wodurch die Erwerbsfähigkeit bedroht wird. Die MBOR ist bedacht, Probleme zu identifizieren, sowie Lösungen für das Wohlsein des Patienten zu erarbeiten. Empfehlungen für eine ergonomische Ausstattung des Arbeitspatz können den Verbleib im Arbeitsleben erleichtern. Unter anderem können Qualifizierungsmaßnahmen für eine leichtere berufliche Tätigkeit angeregt werden, falls die Ausübung der bisherigen Tätigkeit aufgrund der Erkrankung nicht mehr möglich ist. Unterstützend trägt die rheumatische Rehabilitation dazu bei, ob nach der Entlassung eine Haushalts- oder Pfleghilfe benötigt wird oder eine ambulante psycho-therapeutische Begleitung notwendig ist.[21] Die Sinnhaftigkeit, die dritte Komponente ist im Bereich der rheumatologischen Rehabilitation schwierig zu betrachten. Antonovsky beschreibt, dass ohne eine ausreichende Sinnhaftigkeit

---

[20] Vgl. Faltermaier 2020, (BZgA)
[21] Vgl. 4QD-Qualitätskliniken.de GmbH 2010-2022

das Leben zur Last wird. Allerdings bringt die Krankheit Schmerzen und Ängste mit sich und die Chance symptomfrei, trotz der Einnahme von Medikamenten, leben zu können, ist sehr gering. Zusätzlich wird sich häufig von den Patienten die Frage gestellt, welchen Sinn die Erkrankung RA hat. Sinnorientierte Interventionen der rheumatologischen Rehabilitation zielen somit darauf ab, den Selbstwert und das Gefühl der Würde des Patienten zu stärken. Die Anerkennung von Stärken und Errungenschaften im Leben des Patienten, sind dabei Faktoren, die bestärkt werden.[22] Des Weiteren können kognitive Neubewertungen, depressive Gedankengänge reduzieren. Dadurch gewinnt der Patient an Hoffnung, die ebenso durch das Erlangen von Kontrolle gestärkt werden kann.[23] Zudem muss bei der Behandlung des Patienten immer wieder deutlich hervorgehoben werden, dass Maßnahmen erfolgen, die zu einer Verbesserung des Allgemeinzustandes eingesetzt werden. Letztendlich ist festzustellen, dass bereits mit wenigen Maßnahmen, zur Reduzierung der Hoffnungslosigkeit, mit Therapien beigetragen werden kann, um die Krankheitslast von Menschen mit RA zu reduzieren.[24]

2 Aufgabe A 2 Berufsbild eines Rehabilitationspsychologen

2.1 Aufgabenstellung

Die zweite Teilaufgabe befasst sich mit dem Berufsbild eines Rehabilitationspsychologen In diesem Zshg. wird auf mögliche Tätigkeitsfelder von Rehabilitationspsychycholgen eingegangen und deren damit verbundene Aufgaben erläutert. Abschließend werden die erforderlichen Kompetenzen zusammengetragen.

2.2 Tätigkeitsfelder und Aufgaben von Rehabilitationspsychologen

Wolf-Kühn und Morfeld verstehen die Rehabilitation als ein integriertes Interventionsprogramm, dass Menschen mit chronischen Beeinträchtigungen oder Krank-

---

[22] Vgl. Mehnert/Braack/Vehling 2011, S.397
[23] Vgl. Gafvels et al. 2018, S.1281
[24] Vgl. Engelbrecht et al. 2013, S.489

heiten dazu befähigt, die Beeinträchtigung bzw. Krankheit und ihre Folgen zu bewältigen, um selbstbestimmt am Leben in der Gesellschaft teilhaben zu können. Die Rehabilitationspsychologie setzt sich dabei mit den psychosozialen Aspekten der chronischen Krankheit bzw. der Beeinträchtigung auseinander und versucht durch psychologische Maßnahmen die gesellschaftliche Teilhabe zu begünstigen. Reha-psych. unterstützen dabei die Krankheitsbewältigung und Gesunderhaltung. Eine weitere Aufgabe besteht in der Gestaltung von Zukunftsperspektiven und Handlungsstrategien, die das Leben der Betroffenen erleichtern. Sie sind überwiegend in Settings der medizinischen und beruflichen Rehabilitation tätig, wobei es vor allem um Integrations- und Widereingliederungsprozesse geht.[25] Auf der unteren Abb. sind einige Tätigkeitsfelder von Reha-psych. aufgeführt.

Tätigkeitsfelder von Rehabilitationspsychologen	
· Rehabilitationskliniken	· Frühfördereinrichtungen
· Ambulante Rehabilitationszentren	· Förder und Wohneinrichtungen
· Akutkrankenhaus	· Sonder - und Intergrationskindergärten/-Schulen
· Tageskliniken für seelische beeinträchtige Kinder/Jugendliche	· Berufsförderungs/- Berufsbildungswerke
· Forensische Arbeitsbereiche	· Berufstrainingszentren
· Sozialpädiatrische Zentren	· Werkstätten für Menschen mit Behinderung
· Kinder-/Jugendheime	· Psychosoziale Beratungsstellen

Abb. 2: Tätigkeitsfelder von praktisch tätigen Rehabilitationspsychologen
Quelle: Eigene Darstellung in Anlehnung an Wolf-Kühn & Morfeld 2016, S 6

Im Folgendem wird auf vier verschiedene Tätigkeitsfelder von Reha-psych. und deren Aufgaben eingegangen.

2.2.1 Rehabilitationsklinik

Die Aufgabe von Rehabilitationskliniken ist es, Patienten nach bspw. einer akuten Erkrankung oder Unfällen bestmöglich auf den Weg der Krankheitsbewältigung

---

[25] Vgl. Wolf-Kühn/Morfeld 2016, S.4-6

und Gesundheitserhaltung zu unterstützen. Bei Personen mit chronischen Erkrankungen steht im Vordergrund, dass Fortschreiten des Krankheitsprozesses aufzuhalten und Folgeerkrankungen zu vermeiden. Rehabilitationskliniken sind auf bestimmte Krankheitsbilder spezialisiert, daher variieren die Schwerpunkte der psychologischen Arbeit w.z.b. Fachabteilungen für Sucht, Psychosomatik, Orthopädie sowie Kardiologie, Onkologie oder Neurologie. [26]

Zu den Kernaufgaben von Reha-psych. in Rehabilitationskliniken gehört zunächst die psychologische Diagnostik. Die Diagnostik umfasst z.b. das Diagnostizieren von psychischen Störungen sowie Belastungs-, Schutz-, und Risikofaktoren, die sich auf die Krankheit und ihre Folgen auswirken. Neben der berufsbezogenen Persönlichkeitsdiagnostik erfolgt ebenso eine berufsbezogene Leistungsdiagnostik. [27] Sollte der derzeitige Beruf nicht mehr in gleicher Form ausgeführt werden können, ist es die Aufgabe von Reha-psych. den Kontakt zu einem BBW herzustellen. Das Ergebnis der allgemeinen Diagnostik führt zu einer entsprechenden Wahl der psychologischen Intervention. Zentrale Bestandteile sind Einzel-, Angehörigen-, Paarberatungen und Gruppenpsychotherapien. Der Schwerpunkt in Rehabilitationskliniken liegt besonders im Training von Selbstregulationstechniken und Verhaltensänderungen, die es dem Patienten erleichtert mit Schmerzen, Angst und Stress besser umgehen zu können. Zusätzlich fokussiert sich die Rehabilitationspsychologie auf „Empowermentprozesse", wobei Betroffene, die durch Erkrankungen ihre Fähigkeiten überdeckt haben, unterstützt werden ihre individuellen Fähigkeiten und Ressourcen, zu mobilisieren. Zusätzlich steht die Ausarbeitung eines psychosozialen Nachsorgeplans im Fokus.

2.2.2 Sozialpädiatrische Zentren

Die Sozialpädiatrischen Zentren (SPZ) sind Einrichtungen der ambulanten Krankenversorgung, die auf Entwicklungs- und Verhaltensstörungen von Kindern und Jugendlichen spezialisiert sind, um Sie medizinisch zu betreuen und zu behandeln. Die Zentren arbeiten multidisziplinär, d.h. sie setzen sich aus unterschiedlichen Fachbereichsgruppen zusammen, zu denen Ärzte, Psychologen, Sozialpädagogen, Logopäden, Ergo- und Physiotherapeuten gehören. Zum Be-

---

[26] Vgl. 4QD-Qualitätskliniken de. GmbH 2010-2022
[27] Vgl. Bundesministerium für Gesundheit 2022

handlungsspektrum des SPZ gehören akute, chronische Erkrankungen und neuropädiatrische Krankheiten. Weitere Schwerpunkte des SPZ liegen auf Diagnostik und Therapie von Entwicklungsstörungen, drohenden und manifesten Behinderungen sowie Verhaltens- oder seelischer Störungen, die jeglicher Ätiologie bedingen. Die Hauptaufgabe. eines Reha-psych. ist dabei, die Situation der gesamten Familie im Blick zu nehmen und einzuschätzen, was für die weitere Entwicklung des Kindes förderlich ist und auf welche Weise entsprechende Maßnahmen umgesetzt werden können. Ein weiterer Bestandteil der Tätigkeit, ist die Kooperation mit anderen behandelnden Berufsgruppen. Besonders wichtig bei der Arbeit mit Kindern, ist die enge Einbindung der Eltern in die bevorstehenden Behandlungen. Je nach Erkrankung des Kindes sind Sie wegen ihrer Sorge seelisch stärker beeinträchtigt, als die jungen Patienten selbst. Folglich ist es essenziell wichtig, die Ressourcen der Eltern und Geschwister zu stärken, um dem Kind ein emotional sicheres und stabiles Umfeld bieten zu können. Reha-psych. bieten u.a. Elternschulungskurse zu bestimmten Themen-bereichen an. SPZ´s werden des Weiteren in Betracht gezogen, wenn Unklarhei-ten einer bevorstehenden Schulwahl auftreten und eine Unterstützung in der Schule oder im Kindergarten angezeigt ist. Um solchen Fragestellungen gerecht zu werden, ist es die Aufg. von Psych., mit einer differenzierten Diagnostik, sowie einer intensiven Verhaltensbeobachtung den Entwicklungsstand des Kindes oder Jugendlichen zu erfassen.[28]

2.2.3 Werkstätten für Menschen mit Beeinträchtigung

Die Werkstatt für beeinträchtigte Menschen (WfbM) ist eine Einrichtung der beruf-lichen Rehabilitation, zur Teilhabe von Menschen mit schweren Beeinträchtigun-gen am Arbeitsfeld. Die primäre Aufgabenstellung eines WfbM ist es, Individuen eine berufliche Bildung und Beschäftigung zu ermöglichen, die aufgrund von Beeinträchtigung, auf dem Allgemeinem Arbeitsmarkt, nicht tätig sein können.[29]

Die WfbM gliedern sich dabei in jeweils vier unterschiedliche Bereiche. Bei dem **Eingangsverfahren** wird von einem Reha-psych. festgestellt, ob die WfbM die geeignete Eingliederungsmaßnahme ist und welche spezifischen Werkstattberei-

---

[28] Vgl. Deutsche Gesellschaft für Sozialpiatrie und Jugendmedizin e.V. 2022
[29] Vgl. Renneberg/Hammelstein 2006, S.270

che oder ergänzenden Leistungen in Betracht gezogen werden können. Die Erstellung eines individuellen Eingliederungsplans steht dabei im Fokus. Im Anschluss wird im **Berufsbildungsbereich** die Durchführung von Einzelmaßnahmen als auch Lehrgängen geplant. Das Ziel der Maßnahmen ist, dass die Menschen mit Beeinträchtigung, nach der Teilnahme an den BBM in der Lage sind, ein Mindestmaß wirtschaftlich verwertbarer Arbeitsleistung zu erbringen. Im nächsten Schritt, dem **Arbeitsbereich,** ist die Aufgabe eines Reha-psych. Menschen mit Beeinträchtigungen einen Übergang auf den allgemeinen Arbeitsmarkt zu ermöglichen. Dies wird durch geeignete Maßnahmen wie Übergangsgruppen, Entwicklung individueller Förderpläne, Trainingsmaßnahmen sowie die zeitweise Beschäftigung auf ausgelagerten Arbeitsplätzen gefördert. Die Werkstätten verfügen dabei über ein breites Spektrum an Berufsbildungs- und Arbeitsplätzen. Ist die Tätigkeit in der WfbM nicht möglich, bieten WfbM angeschlossene **Fördergruppen oder Tagesförderstätten** an. Um die pädagogische, soziale und medizinische Betreuung der Beschäftigten mit Beeinträchtigung sicherzustellen, müssen die Werkstätten, laut Werkstättenverordnung, über begleitete Dienste, wie. Psychologen, medizinische Fachkräfte oder dem Sozialdienst verfügen. Die Reha-psych. leisten, neben den bereits erwähnten Tätigkeiten, weitere wie Diagnostik, Gutachtenerstellung, Beratung der Betroffenen und deren Betreuer, sowie Angehörigen wie auch Gesprächs- und Psychotherapie.

Die primären Ziele der Wdfba sind, die Leistungs- und Erwerbsfähigkeit zu erhöhen und ein Arbeitsendgelt zu erzielen.[30]

2.2.4. Psychosoziale Beratung

Die psychosoziale Beratung ergänzt bspw. die ärztliche und pflegerische Versorgung von Patienten während des Aufenthalts in der Rehabilitationseinrichtung bzw. bei der Anschlussheilbehandlung und erfolgt in Privatpraxen oder Institutionen auf der Basis einer Vereinbarung in unterschiedlichen Beratungsfeldern. Sie umfasst jede professionell unterstützende Form der Interaktion mit Klienten und ist auf die Diagnose und Intervention bei psychosozialen Belastungen, Einschränkungen, Notlagen und Krisen gerichtet.[31]

---

[30] Vgl. Werkstätten im Netz.de 2022
[31] Vgl. Psychosoziale Beratung, Ein TrainerInnen-Handbuch 2018, S.31

Die Aufgabe eines Reha-psych. ist es, die Menschen in ihren herausfordernden Lebenszusammenhängen oder Situationen informativ, präventiv und entwicklungsfördernd mit psychoedukativen und sozialtherapeutischen Interventionen zu unterstützen. Die ressourcenorientierte Arbeitsweise begünstigt dabei, die Bewältigung von Entwicklungsprozessen. Themen der psychosozialen Beratung können bspw. Begleitung von Entscheidungsprozessen, sozialrechtliche, arbeitsrechtliche und berufliche Fragen, ambulante Nachsorge oder auch die Erarbeitung tragfähiger Freizeit- und Tagesstrukturen sein. Themenbezogen kann dies außerdem von Reha-psych. in Kleingruppen angeboten werden. Um den Stressabbau von den Klienten entgegenzuwirken, werden des Weiteren Entspannungsverfahren angeboten. Die psychosoziale Beratung erfolgt ausschließlich unterstützend und beratend, es findet keine Behandlung einer psychischen Störung der Erkrankung statt. Abschließend lassen sich die Kompetenzen zusammentragen, die für die oben aufgeführten Bereiche von Reha-psych. erforderlich sind.

2.3 Kompetenzen von Rehabilitationspsychologen

Das Studium der Psychologie ist die erste Grundlage für eine Ausübung der Tätigkeit eines Reha-psych. In den Bereichen der medizinischen Rehabilitation ist zudem die psychotherapeutische Approbation überwiegend erforderlich. Rehapsych. die im Bereich der medizinischen Rehabilitation tätig sind, müssen Kenntnisse im Bereich der Diagnostik, Gesundheitsförderung, Motivationsaufbau als auch der Beratung erbringen. Zusätzlich sollten sie über ein gewisses Maß an medizinischem Grundwissen verfügen.[32] In der beruflichen Rehabilitation sind ähnliche Kompetenzen zu erbringen. Weitere Kompetenzen sind im Bereich der Arbeits-, Betriebs- und Organisationspsychologie erforderlich. In Bereichen wie der Frühförderung oder den sozialpädiatrischen Zentren liegen zu den bereits genannten Faktoren grundlegende Fähigkeiten in der Arbeit mit Kindern und deren Familien vor. Allgemein betrachtet sind die Sozialfähigkeiten eines jeden Reha-

---

[32] Vgl. Wolf-Kühn/Morfeld 2016, S.7

psych. besonders hervorzuheben. Kompetenzen wie Verantwortungsbewusst-
sein, Organisationstalent, pädagogische Fähigkeiten, sowie Einfühlungs-,
Motivations- und Kommunikationsvermögen sind grundlegende Voraussetzun-
gen, die für das Tätigkeitsfeld eines Reha-psych. unabdingbar sind. Da die Tätigkeit mit schwierigen Schicksalen und belastenden Situationen einhergeht, ist zudem ein hohes Maß an psychischer Belastbarkeit notwendig.

3 Aufgabe A3 Forschung in der Rehabilitation

3.1 Aufgabenstellung

Im letzten Kapitel dieser Einsendeaufgabe wird jeweils ein Forschungsprojekt
aus der medizinischen, aus der beruflichen und eines aus der medizinisch-
beruflichen Rehabilitation erörtert und darauf eingegangen, wie die Ergebnisse
von Praktikern genutzt werden. Vorab werden Themen, mit welchen sich die
Forschung befasst, dargestellt und die dabei beteiligten Akteure erwähnt.

3.2 Themen der Rehabilitationsforschung

Die Reha-Reformkommission aus den 90iger Jahren ließ diverse rehabilitations-
wissenschaftliche Förderprogramme entstehen, in denen zahlreiche Fragestellungen bearbeitet werden. Primär geht es darum, die Wirksamkeit von Interventionen mit hoher forschungsmethodischer Qualität zu überprüfen und die Qualität
von Rehabilitationsleistungen zu verbessern. Ebenfalls werden Instrumente er-
forscht, die dabei helfen, den Rehabilitationsbedarf festzustellen und geeignete
Rehabilitationsmaßnahmen zuzuweisen. Themen wie die berufliche Orientierung
in der Rehabilitation, Patientenorientierung sowie die Entwicklung und Imple-
mentierung von Patientenschulungen nehmen eine bedeutsame Aufgabe ein.
Die Forschung konzentriert sich hierbei auf die Entwicklung von neuen the-
rapeutischen Ansätzen, um die Verarbeitung der Krankheit zu optimieren. Die primären Themen der Rehabilitationspsychologischen Forschung sind psychologi-

sche Schutzfaktoren, Krankheitsbewältigung, psychologische Diagnostik, Screening und Therapie psychischer Komorbidität bei chronisch körperlich Erkrankten, psychologische Theoriegrundlagen von Patientenschulungen und Coaching, sowie Qualitätsforschungen in der psychosomatischen- und Suchtrehabilitation.

Die Auftraggeber von Forschungsprojekten der Rehabilitation sind insbesondere Akteure, wie Rentenversicherungen, Krankenkassen und Ministerien. Darüber hinaus beteiligen sich Rehabilitationseinrichtungen häufig als Kooperationspartner. Primär werden diese Forschungsaufträge durch Universitäten und Hochschulen umgesetzt.[33] Weitere Akteure, die Forschungsarbeiten durchführen, begleiten und fördern, sind u.a. Fachgesellschaften, Fachorganisationen, Forschungsverbünde und Netzwerke, sowie Forschungsinstitute und Lehrstühle.[34] Nachfolgend werden Forschungsprojekte aus der medizinischen-, beruflichen- und medizinisch-beruflichen Rehabilitation erörtert und auf die Ergebnisse eingegangen.

3.2.1 Forschungsprojekt der medizinischen Rehabilitation

Die Hauptaufgabe der medizinischen Rehabilitation besteht in der Vermeidung der Progredienz einer Erkrankung und den langfristigen Folgen der Gesundheitsbeeinträchtigung. Das Ziel ist, Patienten zu unterstützen, die psychischen und sozialen Anforderungen besser zu bewältigen und einen selbstbestimmten Umgang mit der Erkrankung sowie eine gesundheitsförderliche Lebensführung zu entwickeln. Bei einer Anschlussheilbehandlung handelt es sich ebenfalls um eine medizinische Rehabilitation, die sich spätestens nach 14 Tagen direkt an die Krankenhausbehandlung anschließt.[35]

Jedes Jahr erleiden etwa 130.000 Menschen in Deutschland einen Herzinfarkt, wobei 55.000 Menschen überleben und lernen müssen, mit den Folgen des ersten und der Bedrohung eines weiteren Infarktes zu leben.[36] Wissenschaftliche Studien haben gezeigt, dass sich das Fortschreiten der Erkrankung aufhalten lässt, wenn Risikofaktoren konsequent vermieden werden. Der stationäre Reha-Aufenthalt kann dabei wichtige Risikofaktoren positiv beeinflussen.

---

[33] Vgl. Wolf-Kühn/Morfeld 2016, S.7
[34] Vgl. REHADAT Forschung 2022
[35] Vgl. Buschmann-Steinhage/Widera 2020, S.18
[36] Vgl. Bundesministerium für Bildung und Forschung 2021, B.11

Nicht eindeutig ist jedoch, wie dauerhaft, diese Ergebnisse sind. [37]

Wie positive Ergebnisse der stationären Behandlungen in einen Langzeiteffekt überführt werden können, untersucht ein Projekt des Forschungsverbundes Ulms. Voraussetzung für die intensivierte Nachsorge ist die Teilnahme an einer ambulanten Herzgruppe. Diese Gruppe trifft sich einmal wöchentlich und wird von einem erfahrenden Bewegungstherapeuten geleitet. Die Führung eines Verlaufbogens (Therapiekarten) ist ein wesentlicher Bestandteil der intensivierten Nachsorge. Sie enthält körperliche Befunde, Angaben über Beschwerden und Medikamente, Laborwerte sowie das Körpergewicht, so dass Ärzte, Gruppenleiter und Patient die Entwicklung des Risikoprofils verfolgen können. Über Gesundheitsseminare werden regelmäßig Themen zum Umgang mit Risikofaktoren, Ernährung und Stressbewältigung abgedeckt.

Ein Jahr lang vergleichen die Ulmer Reha Forscher, das Risikoprofil von Teilnehmern der intensivierten Nachsorge mit dem von Patienten, die das herkömmliche Programm absolvieren. Die Ergebnisse zeigen, dass die Patienten im neuen Nachsorgemodell hoch motiviert sind, einen Weg des Gesundheitsbewusstseins zu verfolgen, um ihre Gesundheit, sowie die Erwerbstätigkeit langfristig zu erhalten. Weiter ergab die Forschung, dass die Gesundheitsseminare bei den Patienten sehr gut ankommen. Gesicherte Ergebnisse liegen jedoch nicht vor.[38]

Als Fazit kann aus dieser Studie eine unterstützende Wirkung der intensivierten Nachsorge in einer kardiologischen Rehabilitation nachgewiesen werden und kann mit dem Ziel der nötigen Lebensweiseveränderung genutzt werden.

Die daraus resultierenden Ergebnisse bzw. Erkenntnisse könnten vor allem durch die Rehabilitationskliniken selbst genutzt werden, um die medizinische Rehabilitation der kardiologischen Patienten weiter zu optimieren.[39] Die Ergebnisse lassen sich auf mehrere Fachabteilungen übertragen, um die positiven Ergebnisse der stationären Behandlung in einen Langzeiteffekt zu überführen. Neben den Rehabilitationskliniken dienen die Daten auch der Gesundheitsökonomie, da durch ein verbessertes intensiviertes Nachsorgeprogramm, die Anzahl von lang-

---

[37] Vgl. Bundesministerium für Bildung und Forschung 2021, B.12
[38] Vgl. Bundesministerium für Bildung und Forschung 2021, B.12
[39] Vgl. Bundesministerium für Bildung und Forschung 2021, B.12

fristig gesünderen Patienten steigt und somit die Kosten gesenkt werden.

3.2.2 Forschungsprojekt der beruflichen Rehabilitation

Die berufliche Rehabilitation ist eine Leistung zur Teilhabe am Arbeitsleben. Ihre Aufgabe besteht darin, Personen mit chronischen Erkrankungen oder dauerhaften Beeinträchtigungen, bei einer Wiedereingliederung in den Arbeitsmarkt zu unterstützen. Das Ziel ist, einen leistungsgerechten Arbeitsplatz zu erlangen und durch ein eigenes Einkommen ein selbstbestimmtes Leben führen zu können. Die berufliche Rehabilitation ist eine nicht medizinische Maßnahme und kann in Form einer berufsspezifischen Weiterbildung bzw. Umschulung stattfinden. Neben der Hilfe zur Erlangung und Erhaltung eines Arbeitsplatzes gibt es auch Trainingsmaßnahmen wie EDV-Kurse.[40] Die vom Institut für Arbeitsmarkt- und Berufsforschung durchgeführte Studie soll eine Gruppe von Rehabiland*innen, die eine berufliche Wiedereingliederung bei der BA anstreben, detailliert beschreiben. Mit Statistiken der BA 2017 wurden weitere Personenmerkmale ergänzt und ein Überblick über individuelle Erwerbs-und Rehabilitationsverläufe gegeben. Neben der Personenstruktur und –charakteristik werden aufgenommene Maßnahmen sowie der Zugangsstatus zur LTA und die beruflichen Tätigkeiten der Geförderten vor bzw. nach der beruflichen Rehabilitation betrachtet. Anhand dieser Daten kann der Rehabilitationsprozess, sowie die Erwerbsabläufe vor und nach den Reha-Verfahren nachvollzogen werden. Die Daten umfassen einen Analysezeitraum von 2010 bis 2015.[41]

Zum Ergebnis kam, dass 2015 ca. 32.500 Personen eine LTA im Rahmen einer Beruflichen Wiedereingliederung bei der BA, beantragt haben. Seit 2010 lässt sich ein kontinuierlicher Anstieg in den Antragszahlen erkennen, von denen etwa 80% als Rehabiland*innen anerkannt werden. 50 % der anerkannten Personen, haben dabei einen Antrag auf LTA aus einer Arbeitslosigkeit vorgelegt. Die Hälfte der Personen mit einer Anerkennung im Jahr 2015 weisen eine Beeinträchtigung im Bereich des Stütz- und Bewegungsapparates auf. Die zweitgrößte Gruppe stellen Personen mit einer psychischen Beeinträchtigung dar. Der Vgl. der Er-

---

[40] Vgl. Wolf-Kühn/Morfeld 2016, S.7
[41] Vgl. Deutsche Rentenversicherung Bund 2018, S.236

werbstätigkeit vor und nach der beruflichen Rehabilitation zeigt, dass nach der Reha häufiger nicht manuelle, wie kognitive, analytische Beschäftigungen ausgeführt werden, während vorher eher manuelle Tätigkeiten ausgeführt werden. Im Anschluss an ein Reha-Verfahren zeigt sich, dass über die Hälfte in einer neuen oder bereits bestehenden sozialversicherungspflichtigen Beschäftigung sind.[42]

Als Fazit der Studie wird gezogen, dass der vermehrte Zugang durch eine verbesserte Informiertheit darüber herrscht, welche Fördermöglichkeiten im Rahmen von LTA bei Arbeitgebern und Beschäftigungen bestehen.[43] Weiter zeigt sich, dass die BA ihrem gesetzlichen Auftrag der Prävention von Behinderung und einem dadurch bedingten Arbeitsplatzverlust stärker nachkommt. Besonders verweist die gestiegene Antragserhöhung auf eine erhöhte Bedürftigkeit der LTA.

Die Ergebnisse des Forschungsprojektes können bei der Optimierung der Maßnahmen helfen. Die steigende Nutzung dient zur Interpretation, dass Personen informiert über Optionen sind und die BA ihrer Aufgabe intensiv nachgeht. Zum anderen kann die erhöhte Bedürftigkeit darauf schließen, dass die Prävention weiter optimiert wird, um die ansteigende Bedürftigkeit der LTA zu senken. [44]

3.2.3 Forschungsprojekt der medizinisch-beruflichen Rehabilitation

Die medizinische-berufliche Rehabilitation ist in Deutschland das Bindeglied zwischen der ersten Phase (rein medizinisch) und der dritten Phase (rein beruflich). Die MBOR ist angezeigt, wenn neben der Erkrankung besonders berufliche Probleme vorliegen. Gegenstand der Maßnahmen sind z.B. Berufs- und Sozialberatungen, spezielle Arbeitsplatztrainings und Angebote bei besonderen beruflichen Risiken. Um physisch und psychisch optimal auf den Wiedereinstieg in den Beruf vorbereitet zu werden, orientieren sich die Interventionen explizit an den Anforderungen, die den Versicherten durch den Beruf gestellt werden.[45] Im Rahmen der Studie Pro MBOR wird die Umsetzung einer Kooperation von drei Reha- Einrichtungen in Bezug auf die MBOR und den gemeinsamen Betrieb eines Trainingszentrums für MBOR formativ evaluiert. Die Forschungsergebnisse

---

[42] Vgl. Deutsche Rentenversicherung Bund 2018, S.237
[43] Vgl. Deutsche Rentenversicherung Bund 2018, S.237
[44] Vgl. Deutsche Rentenversicherung Bund 2018, S.237
[45] Vgl. Buschmann-Steinhage/Widera 2020, S.19

wurden anhand von 27 Mitarbeiterinterviews aus den drei Kliniken ermittelt, wobei das Vorgehen zu Problemen und Lösungen bei der Zuweisung der Rehabilitation zur MBOR dargestellt wird. Aufgrund der folgenden Prozesskategorien, Gewinnung von Informationen über die berufliche Situation von Rehabilitanden und Ablauf der Entscheidungsfindung bei der Zuordnung von Rehabilitanden zur MBOR, folgte die Auswertung. Zur Studie gehörten drei Fragen, die sich auf Beschreibung der Prozesse, Probleme im Zshg. mit diesen Prozessen sowie Wünsche und mögliche Lösungen für diese Probleme beziehen.[46]

Die Ergebnisse zeigten, dass sich die Prozesse der Zuordnung zu MBOR hinsichtlich der 3 Hauptpunkte, trägerseitige Zuweisungsempfehlung, Handhabung des Screening Fragebogens und Zuweisungsentscheidung unterscheiden. Eine Herausforderung stellt das Zeitmanagement auf Grund der Einbeziehung mehrere Berufsgruppen dar. Als Ergebnis ist festzustellen, dass es bei der Erarbeitung der Entscheidungsverfahren klare Regeln und Algorithmen geben muss, die kontinuierlich in den Einrichtungen weiterentwickelt werden.[47]

Als Fazit stellt, die in diesem Beitrag berichtete Bestandsaufnahme, eine Grundlage für die notwendigen Schritte zu einem gemeinsames MBOR-Zuweisungskonzept der Einrichtungen dar. Ein fundierter Zuweisungs- und Zuordnungsprozess, ist eine essenzielle Grundlage einer qualifizierten MBOR. Klare Zuordnungsregeln und Kriterien sowie zuverlässige, schnelle Informationswege zwischen den Berufsgruppen sind für die Einpassung in den knappen Zeitrahmen elementar. Im Rahmen des Projektes sollen in internen und klinikübergreifenden Fokusgruppen die Aspekte und weitere Prozesse der MBOR beraten werden.[48]

---

[46] Vgl. Deutsche Rentenversicherung Bund 2016, S.217
[47] Vgl. Deutsche Rentenversicherung Bund 2016, S.217
[48] Vgl. Deutsche Rentenversicherung Bund 2016, S.218

Literaturverzeichnis

Antonovsky , A. (1997). Salutognese: Zur Entmystifizierung der Gesundheit (Forum für Verhaltenstherapie und psychsoziale Praxis) (1.Aufl.). In A. Franke (Hrsg.). Tübingen: dgvt-Verlag.

Baerwald, C., Manger, B., & Hueber, A. (2019). Depression als Komorbidität bei rheumatoider Arthritis. *Zeitschrift für Rheumatologie*(78), S. 243-248. Abgerufen am 17. 04. 2022 von https://www.researchgate.net/publication/329261378_Depression_als_K omorbiditat_bei_rheumatoider_Arthritis

Bengel, J., Strittmatter, R., & Willmann, H. (2001). Was erhält Menschen gesund? Antonovsky Modell der Salutogenese - Diskussionsstand und Stellenwert. In B. f. Aufkärung (Hrsg.), Forschung und Praxis der Gesundheitsförderung (S. 9-30). Köln: BZgA.

Bundesministerium für Bildung und Forschung. (2021). *Forschung in der Rehabilitation. Gemeinsamer rehabilitationswissenschaftlicher Förderschwerpunkt des BMBF und der Rentenversicherung.* Abgerufen am 27. 04. 2022 von https://www.deutsche-rentenversicherung.de/SharedDocs/Downloads/DE/Experten/reha_forsc hung/foerderschwerpunkt_bmbf/broschuere_deutsch_pdf.pdf.pdf;jsessionid= 3B02256E72923705A08EA91E50391DD9.delivery2-2-replication?__blob=publicationFile&v=1

Bundesministerium für Gesundheit. (2022). Abgerufen am 27. 04. 2022 von Vorsorge und Rehabilitation: https://www.bundesgesundheitsministerium.de/rehabilitation.html

Buschmann-Steinhage, R., & Widera, T. (2020). Grundlagen der Rehabilitation. In J. Bengel, & O. Mittag (Hrsg.), Psychologie in der medizinschen Rehabilitation (2.Aufl.) (S. 15-30). Berlin: Springer.

Das Rehaportal. Qualitätskliniken.de. (2010-2022). Abgerufen am 18. 04. 2022 von Rheumatologische Reha: https://www.qualitaetskliniken.de/reha-haeufige-fragen/rheumatologische-reha/

Das Rehaportal. Qualitätskliniken.de. (2010-2022). Abgerufen am 23. 04. 2022 von Rehakliniken in Deutschland: https://www.qualitaetskliniken.de/reha-haeufige-fragen/rehakliniken-in-deutschland/

Deutsche Gesellschaft für Sozialpädiatrie und Jugendmedizin e.V. (2022). Abgerufen am 27. 04. 2022 von Sozialpädiatrische Zentren: https://www.dgspj.de/institution/sozialpaediatrische-zentren/

Deutsche Rentenversicherung Bund. (2016). *25.Rehabilitationswissenschaftliches Kolloquium. Deutscher Kongress für Rehabilitationsforschung. Gesundheitssystem im Wandel-Perspektiven der Rehabilitation., 109.* Abgerufen am 02. 05. 2022 von https://www.deutsche-rentenversicherung.de/SharedDocs/Downloads/DE/Experten/reha_forsc hung/reha_kolloquium/TB-25Reha-Koll.html

Deutsche Rentenversicherung Bund. (2018). *27. Rehabilitationswissenschaftliches Kolloquium. Deutscher Kongress für Rehabilitationsforschung. Rehabilitation bewegt., 113.* Abgerufen am 29. 04. 2022 von https://www.deutsche-rentenversicherung.de/SharedDocs/Downloads/DE/Experten/reha_forsc hung/reha_kolloquium/TB-27Reha-Koll.html

Engelbrecht, M., Kruckow, M., Araujo GF, E., Rech GF, J., & Schett GF, G. (2013). The interaction of physical function and emotional well-being in rheumatoid arthritis-what is the impact on disease activity and coping? Seminars in arthritis and rheumatism.(42), S. 428-491. Abgerufen am 20. 04. 2022 von https://pubmed.ncbi.nlm.nih.gov/23369659/

Faltermaier, T. (2020). Salutogenese. (BZgA, Hrsg.) Abgerufen am 15. 04. 2022 von https://leitbegriffe.bzga.de/alphabetisches-verzeichnis/salutogenese/

Gafvels, C., Hägerström, M., Ranne, K., Wajngot, A., & Wändell, P. (2018). Coping strategies among patients newly diagnosed with diabetes or rheumatoid arthritis at baseline and after 24 months. Journal of health psychology.(23), S. 1272-1286. Abgerufen am 20. 04. 2022 von https://pubmed.ncbi.nlm.nih.gov/27240680/

Habermann-Horstmeier, L. (2017). Gesundheitsförderung und Prävention (1. Aufl.). Bern: Hogrefe.

Huang, I.-C., Lee, J., Ketheeswaran, P., Jones, C., Revicki, D., & Wu, A. (2017). Does personality affect health-related quality of life? A systematic review. Abgerufen am 19. 04. 2022 von https://pubmed.ncbi.nlm.nih.gov/28355244/

Leon, L., redondo Delgado, M., Fernandez Nebro, A., Gomez, S., Loza, E., Montoro, M., . . . Galindo, M. (2018). Expert recommendations on the psychological needs of patients with rheumatoid arthritis., (S. 2167-2182). Abgerufen am 17. 04. 2022 von https://www.researchgate.net/publication/330461681_FRI0739-HPR_Expert_recommendations_on_psychological_needs_of_patients_with_rheumatoid_arthritis

Lorenz, H.-M. (2012). Rheumatoide Arthritis: Diagnostik und Therapie. *Der Orthopäde*(41), S. 514-519. Abgerufen am 15. 04. 2022 von https://www.springermedizin.de/rheumatoide-arthritis-diagnostik-und-therapie-2012/8110964

Mehnert-Theuerkauf, A., Braack, K., & Vehling, S. (2011). Sinnorientierte Interventionen in der Psychoonkologie. *Psychotherapeut*(56), S. 394-399. Abgerufen am 20. 04. 2022 von https://www.researchgate.net/publication/225896677_Sinnorientierte_Interventionen_in_der_Psychoonkologie

Psychosoziale Beratung. Ein TrainerInnen-Handbuch. (2018). Abgerufen am 26. 04. 2022 von https://pscentre.org/wp-content/uploads/2018/02/Lay-counselling_GE.pdf?wpv_search=true

REHADAT Forschung. (2022). Abgerufen am 27. 04. 2022 von Forschungs- und Projektförderung:https://www.rehadat-forschung.de/forschende/foerderung/forschungs-projektfoerderung/

Renneberg, B., & Hammelstein, P. (Hrsg.). (2006). Gesundheitspsychologie. Mit 43 Abbildungen und 21 Tabellen. (1. Aufl.). Berlin: Springer.

Ridder, D., Geenen, R., Kuijer, R., & van Middendorp, H. (2008). Psychological adjustment to chronic disease. Abgerufen am 19. 04. 2022 von https://pubmed.ncbi.nlm.nih.gov/18640461/

Straub, R., & Cutolo, M. (2006). Does stress influence the course of rheumatic diseases? Clinical and experimental rheumatology(24). Abgerufen am 17. 04. 2022 von https://www.researchgate.net/publication/6916472_Does_stress_influenc e_the_course_of_rheumatic_diseases

Tilliger, S. (2020). Studienbrief SRH Fernhochschule. Gesundheitsförderung, Prävention und Rehabilitation (1.Aufl.). Riedlingen: SRH Fernhochschule GmbH.

Vermaak, V., Briffa, N., Langlands, B., Inderjeeth, C., & McQuade, J. (2015). Evaluation of diseases specific rheumatoid arthritits self-management education program, a single group repeated measures study. BMC musculoskelet disorders. Abgerufen am 19. 04. 2022 von https://pubmed.ncbi.nlm.nih.gov/26289049/

Werkstätten-im Netz.de. Qualität und Vielfalt aus WfbM. (2022). Abgerufen am 27. 04. 2022 von Aufgaben und Ziele der Werkstätten für behinderte Menschen.: https://www.werkstaetten-im-netz.de/aufgaben-und-ziele-der-wfbm.html

Wolf-Kühn, N., & Morfeld , M. (2016). Rehabilitationspsychologie (1.Aufl.). Wiesbaden: Springer.

Yelin, E., & Katz, P. (2002). Focusing interventions for disability among patients with rheumatoid arthritis. Arthritis and rheumatism(47). Abgerufen am 18. 04. 2022 von https://pubmed.ncbi.nlm.nih.gov/12115150/

Zink, A., Minden, K., & List, S. (2010). Gesundheitsberichterstattung des Bundes. Entzündlich-rheumatische Erkrankungen. Abgerufen am 17. 04. 2022 von https://www.rki.de/DE/Content/Gesundheitsmonitoring/Gesundheitsberichterstattung/GBEDownloadsT/rheumatische_erkr.pdf?__blob=publicationFile